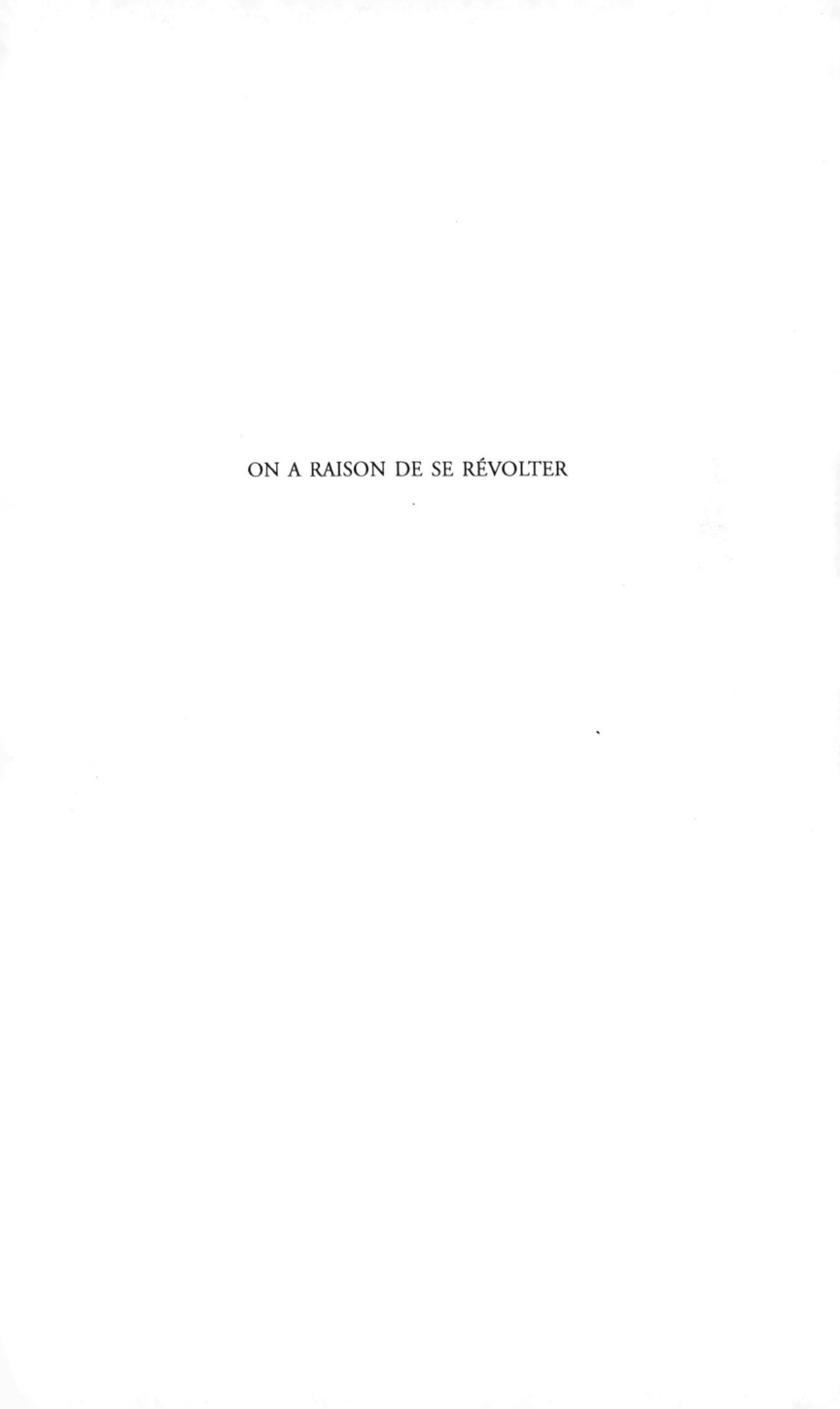

ON A RAISON DE SE RÉVOLTER

La liste des ouvrages publiés par l'auteur
se trouve en page 59.

Alain Badiou

On a raison de se révolter

L'actualité de Mai 68

Ouvertures
Fayard

Couverture : Le Petit Atelier

ISBN : 978-2-213-70989-5

Dépôt légal : mai 2018
© Librairie Arthème Fayard, 2018

1

Destin des hypothèses
sur le sens de Mai 68

On va donc, la symbolique du demi-siècle aidant, reparler un peu partout de Mai 68. On va voir trôner, en tête des articles-anniversaires, l'idée vague de Mai 68 comme festival semi-révolté des nouvelles mœurs contre le vieux monde, comme avènement du féminisme, comme production préliminaire du mouvement LGBT, comme adieu crépusculaire à la classe ouvrière, comme dernière utopie, comme libération sexuelle, comme Histoire dansée en rock, comme introduction aveugle de la Gauche-au-pouvoir des élections de 1981, comme feu d'artifice syndical avant l'extinction des feux, comme anarchie peinte en rouge, comme révolte anti-autoritaire, comme somme de petites bagarres, comme Godard faisant son cinéma dans la rue, comme plaisanterie Mao prise au sérieux par quelques intellectuels en goguette, comme Révolution Culturelle à la sauce molle occidentale, comme prétexte à la création de mille groupuscules turgescents, comme occupation des universités pour universaliser les occupations, comme apogée critique des Trente Glorieuses, comme futur souvenir pour vieux rouge retraité, comme révolution prolétarienne sans prolétaires ni révolution, comme exutoire d'adolescents venus du baby-boom d'après-guerre, comme fait de mode entre cheveux longs et mini-jupe, comme intégration de la classe ouvrière à la société de consommation, comme refus de la société de consommation par les consommateurs, comme consumation en drapeaux rouges de la consommation marchande, comme passage en virevolte du structuralisme d'Althusser au vitalisme de Deleuze, comme création avortée d'un nouveau communisme, comme une histoire de Chinoise, ou de Chinois, comme le début de la fin de la guerre froide, et puis, et puis...

On peut comprendre ces bariolages. D'abord parce que la vérité de « Mai 68 » n'est pas lisible en mai. N'oublions pas, n'oublions jamais, qu'en juin, la plus grande manifestation, numériquement, de la séquence est celle, sous l'Arc de Triomphe, de la bourgeoisie apeurée, en tête de laquelle gesticule un Malraux shooté. Que de Gaulle est allé voir en Allemagne si l'armée française restait l'intemporel pilier des États de classe. Et que, dans la foulée, une écrasante majorité électorale remet en selle la droite, marquant ainsi que l'identité de Mai 68 est, à ses yeux, un très pénible désordre.

La vérité de Mai 68, voire même la simple description de sa singularité, n'est possible que si l'on considère et sa descendance immédiate – les dix années qui ont suivi – et en outre sa complexité interne. Car Mai 68 est bien plutôt un chœur polyphonique souvent atonal qu'un ensemble ajusté de solistes.

Ce qui a fait la singularité de Mai 68 (et plus encore sans doute de la petite dizaine d'années qui a suivi), ce n'est pas du tout la simplicité d'une Idée, non plus que la massivité d'une révolte. Ni l'éclat de la pensée, ni la puissance du nombre ne peuvent caractériser ce moment. Quand Jean-Claude Milner, dans *Constat*, déchiffre l'épisode comme la conjonction de la révolte et de la pensée, il s'égare.

Disons d'abord que ce qui fut du côté de la violence et du nombre n'était guère nouveau, même si les images qui en subsistent font encore de l'effet. Il y avait eu, dès la fin des années cinquante, et singulièrement à propos de la guerre d'Algérie, non seulement des affrontements très durs avec la police – qui firent plus de blessés et de morts que ceux de Mai 68 –, mais tout un ensemble de pratiques illégales, allant du refus de partir faire son service militaire en tant que soldat de la guerre coloniale jusqu'aux réseaux de soutien aux organisations nationalistes algériennes, pratiques payées souvent par de longs exils, des arrestations, des procès et, en Algérie même, des tortures et des exécutions. L'opinion publique elle-même fut peu à peu violemment divisée à propos de cette guerre, qui, en 1956, avait été relancée avec une énergie proprement criminelle par le gouvernement socialiste de Guy Mollet, après une campagne électorale faite sous le mot d'ordre « paix en Algérie ». C'est de ce moment, du reste, que je fus convaincu que la social-démocratie était une spécialiste du reniement et de la déception, point qu'elle mit ensuite son honneur à vérifier implacablement, côté PS, de Mollet à Mitterrand, de Mitterrand à Jospin, et de Jospin à Hollande. Mais du côté du PCF, les choses ne sont allées guère mieux, de Waldeck Rochet à Georges Marchais, de Marchais à Robert Hue et Marie-George Buffet, et de ces derniers à Pierre Laurent. C'est au fond toute la gauche dont il importe de penser qu'elle n'a fait là, pendant la séquence qui va des années cinquante à aujourd'hui, et qui coïncide avec ma vie militante, qu'une suite de forfaitures, avant de sombrer dans un reposant néant. Mais déjà, il y a des dizaines d'années, Sartre écrivait : « La Gauche est un cadavre [tombé] à la renverse [et qui] pue. » Peut-être cette Idée apparente et tenace qu'est « la Gauche » a-t-elle depuis toujours pour corrélat réel un mort-vivant. Toujours est-il que, sous le règne du socialiste Mollet, certains posaient des affiches stigmatisant avec une rare violence les « intellectuels défaitistes », entendez les opposants à l'atroce guerre coloniale, pendant que lesdits intellectuels, dont moi, descendions régulièrement – le nombre remplacé par un certain courage – le boulevard Saint-Michel, pour nous faire matraquer en bas, assommer à coups de pèlerine et embarquer dans les paniers à salade.

Je veux dire par là que, quant au sentiment sublime d'une division implacable et d'une violence latente, j'en fus plus envahi durant ces temps de guerre que je ne le fus en Mai 68. Au fond, il y avait révolte, bien sûr, en Mai 68. Mais il y avait aussi, durant tout ce joli mois de mai, surtout durant ses quatre premières semaines, en dépit des heurts nombreux et des victimes de bavures, des barricades et de l'enfumage par le gaz lacrymogène, une sorte de consensus favorable flottant, une approbation assez large, dont le symbole fut pour moi la vision de certains beaux immeubles, dans des quartiers tranquilles de Paris, paradoxalement hérissés de drapeaux rouges.

Quant à ce qui fut du côté de la pensée neuve, il faut dire que cela encouragea – j'y reviendrai – la durée patiente et restreinte, l'action militante tenace, bien plus que l'urgence de l'action de masse à force ouverte. Pendant Mai 68 lui-même, le lexique politique est resté largement conventionnel, même s'il s'ornait de quelques trouvailles, du reste plus charmantes qu'épiques, comme « Sous les pavés, la plage » ou « Laissez la peur du rouge aux bêtes à cornes ». L'universel motif de la « révolution » était lui-même pratiqué comme un lieu commun sans contenu réel accessible, et sans action symbolique qui, même de très loin, puisse évoquer l'assaut contre les Tuileries ou la prise du Palais d'hiver. Moi-même, je me suis étonné de voir des manifestations très importantes, dans la ville de province où j'habitais et enseignais alors, passer impavidement devant une préfecture totalement dégarnie de défense policière – tout l'appareil répressif étant concentré sur Paris – sans qu'apparaisse la moindre velléité de s'en emparer. Et moi-même qui, dans ma surprise que nul n'y songe, rêvais de cet assaut, au vrai je n'y songeais pas non plus sérieusement puisque je n'avais rien fait pour le préparer ou même pour en défendre publiquement, devant les innombrables assemblées générales de l'époque, l'opportunité. Par ailleurs, il était évidemment question de « lutte », de « combat », et, dans le registre négatif, il y avait tout de même un clair refus de la forme parlementaire de l'État, qui se manifesta lorsqu'une bonne partie du mouvement reçut en juin l'annonce du scrutin au grand cri, dont tout l'avenir a montré le bon sens, de « Élections, piège à cons ». Mais tout cela ne composait nulle vision neuve de la politique. On y trouvait uniquement des formes embryonnaires de négation des formes établies, et singulièrement des partis de gauche, communistes compris, dont il était par trop visible que le mouvement les importunait bien plus qu'il ne provoquait en eux ne fût-ce qu'une vague satisfaction.

Je dirais volontiers, contre l'aphorisme de Milner, que Mai 68 et ses conséquences signèrent la *disjonction* de la révolte et de la pensée. On y a enfin compris que le problème politique n'était pas celui d'un mouvement joyeux et massif contre l'inertie de l'État, mais celui de l'organisation à inventer, contre la forme-parti de type PCF, entrée en déshérence. Mai 68 signe à la fois la fin de la forme à la fois molle et hargneuse du « parti de la classe ouvrière » et le commencement d'une énigme encore en travail, et qu'on peut formuler simplement : s'il est vrai que ceux qui n'ont rien – ni argent, ni armes, ni pouvoir, ni instruments de propagande – n'ont de force que celle de leur unité et de leur discipline, et s'il est vrai aussi que la forme centralisée et militarisée du parti stalinien a montré ses limites, alors, de quelle discipline neuve, de quelle unité encore à venir faut-il soutenir l'action populaire ? Et, plus largement, qu'est-ce que la politique, la vraie, celle qui vise à ce que, comme le chante l'Internationale, le monde « change de base » et que ceux qui ne sont rien deviennent tout ?

Mais pour bien comprendre tout cela, il faut d'abord en finir avec les visions stéréotypées de Mai 68, visions qui vont à coup sûr nourrir les célébrations comme les vitupérations, les nostalgies comme les procès de ce mois symbolique à l'occasion de son cinquantenaire. Visions qui ont en commun de vouloir à tout prix réduire l'épisode à une sorte d'éclat vibrant de l'illusion dans la platitude du réel. Qu'on parle de « la plus grande grève de l'histoire de France », de « la révolte des jeunes », d'une « révolution dans les mœurs », d'une « fête des utopies », on se prend au mirage d'une discontinuité simple, d'un évanouissement lumineux, et l'on ignore que tout événement n'est validé dans sa force que par la ténacité de ses conséquences. Et si, comme Sarkozy, on rêve d'« en finir avec Mai 68 », c'est encore parce qu'on lui attribue une puissance que ce mois comme tel, isolé, est bien loin d'avoir eue.

Mais dans ces conditions, pourquoi est-il si courant aujourd'hui de désirer fêter l'anniversaire de Mai 68 ?

Une première réponse est carrément négative. On peut commémorer Mai 68 aujourd'hui parce qu'on est sûr qu'il est mort. Cinquante ans après, ça ne bouge plus. C'est ce que certains anciens soixante-huitards notables déclarent. « Forget Mai 68 ! » nous a depuis longtemps enjoint Cohn-Bendit, héros de la scène soixante-huitarde devenu un politicien ordinaire. Nous sommes dans un tout autre monde, la situation a totalement changé, nous pouvons donc commémorer notre belle jeunesse en toute tranquillité. Rien de ce qui s'est passé alors n'a de signification active pour nous. Nostalgie et folklore.

Il existe une deuxième réponse encore plus pessimiste. Nous commémorons Mai 68 parce que, sous la logomachie révolutionnaire, ce qui était en train de naître, ce qui en fut dès 1983 le véritable résultat, était en vérité un acquiescement massif au retour, partout, du capitalisme libéral déchaîné et une glorification définitive de la béate « démocratie » qui va avec. Dans cette vision des choses, partagée et propagée par les bataillons d'intellectuels empressés à renier leurs emballements de jeunesse, d'un côté, la part libertaire de 68, la transformation des mœurs, l'individualisme, le goût de la jouissance trouvent leur réalisation dans le capitalisme postmoderne et son univers bariolé de consommations en tout genre. Et quant à l'autre versant du tumulte, au trotskisme et au maoïsme de l'époque, sans oublier les anarchistes d'Action directe, il faut n'y voir que les derniers feux, pratiquement insignifiants, d'un totalitarisme affreux, enfin parvenu aux spasmes de l'agonie. Finalement, dans cette vision, le produit dialectique positif de Mai 68 pourrait bien être Sarkozy en personne. Comme très tôt nous y invitèrent Glucksmann ou BHL, célébrer Mai 68, c'est aujourd'hui célébrer l'État de droit défendu courageusement contre les barbares russes ou chinois, sans oublier les affreux musulmans et leurs terroristes, par l'armée américaine d'abord, par la police républicaine ensuite. Pour ces gens, Mai 68, convenablement renié, ce qui veut dire dépouillé de ses oripeaux totalitaires, ouvre la voie royale d'une référence salvatrice aux États-Unis, à l'État d'Israël, aux valeurs et aux vertus de l'Occident impérial.

Je voudrais opposer à ces visions déprimantes des hypothèses plus optimistes concernant la commémoration.

La première, c'est que cet intérêt pour 68, en particulier d'une partie significative de la jeunesse, est, au contraire de la deuxième hypothèse, un sursaut anti-Sarkozy, une sourde et aveugle révolte contre la mutation introduite dans le système des représentations dominantes par l'élection de ce personnage, et dont en fait Macron n'est que la perpétuation. Sarkozy est celui qui a voulu imposer l'idée qu'être riche, aimer le profit et ses aises, mépriser ces ringards de pauvres, qui ne sont que des loosers, devait devenir non seulement possible, mais nécessaire et juste. Mitterrand encore, sur ce point, était prudent. Il avait averti Tapie, pourtant un de ses sicaires : « Attention ! Les Français n'aiment pas l'argent. » Sarkozy voulut venir à bout de ce désamour. Hollande, en fait, continua dans cette voie : il fit sa campagne en déclarant que son ennemi était « la finance », mais il montra ensuite qu'on était bien obligé d'en être l'ami. Macron, enfin, fait de la prospérité d'une oligarchie, de l'afflux des capitaux, l'alpha et l'oméga de la « modernité », contre toute « crispation archaïque » sur des choses comme la protection sociale ou le service public. Rien évidemment de plus opposé aux rêveries soixante-huitardes. Alors, peut-on penser, au comble de sa négation, que de nombreux jeunes et de vieux briscards se retourneraient vers Mai 68 – pour les uns une mythologie, pour les autres une mémoire vive – comme vers une source possible d'inspiration, une sorte de poème historique, pour reprendre courage, pour réagir vraiment quand on est au fond du trou que nous impose le triomphe sinistre du capitalisme mondialisé ?

Certains indices permettraient même de formuler une autre hypothèse, encore plus optimiste. L'appréciation de Mai 68 serait prise dans le cheminement d'une conscience encore obscure, mais étendue, celle qui représente la nécessité – l'urgence – d'en finir avec l'imposition d'un destin unique de l'humanité, d'une fin de l'Histoire, au sens de Fukuyama, fin représentée par le tandem du capitalisme et de la forme parlementaire de la politique, l'un et l'autre marqués pour toujours du stigmate de la « liberté » comme valeur suprême. Cette conscience naissante rejetterait avec horreur tant le capitalisme que le bon vieil anticapitalisme d'extrême droite, celui qui donne son titre fracassant au dernier livre de Jean-Claude Michéa, *Notre ennemi, le capital.* Énoncé auquel on pourrait croire qu'il n'y a rien à objecter, sinon que son auteur le commente ainsi : « Il est aujourd'hui plus facile d'imaginer la fin du monde que la fin du capitalisme. » Par quoi il fukuyamaïse sa prétendue critique du libéralisme, et finalement propose un retour en arrière traditionnaliste, mélange de nationalisme et de démagogie, qu'il cuisine, dans son arrière-cour, tout près de Marine Le Pen. On ne s'étonnera pas qu'il soit, de longue date, un pourfendeur de Mai 68, et que, par conséquent, la pré-conscience dont je parle ne puisse se prendre à ses pièges. Car elle affirme, cette pré-conscience, que justement il est en vérité très simple, et nullement impossible, de penser et de mettre en route la fin du capitalisme, que telle est même l'urgence du moment : reconstituer, en chacun comme à grande échelle, la vision du monde en termes de lutte entre les deux voies, la voie capitaliste et la voie communiste. Pour cette conscience au bord de son éveil, commémorer Mai 68 serait comme un signal que le jour revient.

Encore faut-il savoir de quel Mai 68 on parle. Car ce qu'il faut d'abord comprendre, c'est que si cette commémoration donne lieu à tant d'hypothèses contradictoires, c'est parce que Mai 68, avec ce à quoi il a ouvert pendant presque vingt ans, est un événement d'une grande complexité. Impossible d'en donner une image unifiée et commode. C'est bien pourquoi du reste, singularité qu'on remarque trop peu, il a gardé comme nom, cet événement, sa date, année et mois, rien d'autre. Preuve qu'un nom proprement politique, du type « Révolution française », ou « Commune de Paris », ou « Révolution Culturelle », ou « les Trois Glorieuses », n'a pu lui être assigné, pas plus qu'il n'a livré à l'Histoire des noms propres significatifs, dirigeants ou héros. Mai 68 reste à bien des égards une énigme. Je voudrais convaincre mon lecteur que cette énigme tient à ce que, sous le nom extrêmement vague de « Mai 68 », se tient une multiplicité hétérogène.

2

Il y a eu trois « Mai 68 »
Le premier...

Il y a eu à l'évidence, simultanément, trois « Mai 68 » différents. Plus un quatrième, mais laissons-le pour l'instant de côté. La force, la particularité, du Mai 68 français est d'avoir entrelacé, combiné, superposé, trois processus finalement assez hétérogènes. Nommons-les immédiatement : 1) Le Mai 68 étudiant et lycéen. 2) Le Mai 68 ouvrier. 3) Le Mai 68 libertaire. Et si les bilans de cet événement sont aussi divers, c'est parce qu'on en retient en général un des aspects et non pas la totalité complexe qui a fait sa vraie nature historique.

Parlons ici, d'abord, du Mai numéro 1, car c'est lui qui, du moins en apparence, a mis le feu aux poudres.

Mai 68 a d'abord été, en effet, un soulèvement, une révolte, de la jeunesse étudiante et lycéenne. C'est l'aspect le plus spectaculaire, le plus connu, c'est celui qui a laissé des images fortes, que nous revisitons ces derniers temps : manifestations massives, barricades, batailles avec la police, etc. Images de violence, de répression et d'enthousiasme, dont il faut, me semble-t-il, extraire trois caractéristiques. Premièrement, ce soulèvement a été à l'époque un phénomène mondial. Du Mexique des massacres sur place publique à l'Allemagne des dures levées étudiantes, de la Chine de la Révolution Culturelle aux États-Unis des mouvements contre la guerre du Vietnam, de l'Italie des autonomes au Japon des armées rouges, des soulèvements réformateurs en Tchécoslovaquie aux rébellions palestiniennes contre l'occupation sioniste, la jeunesse s'est partout levée contre le monde tel qu'il avait été rebâti à l'issue de la Seconde Guerre mondiale. Mai 68, au sens de sa composante étudiante, est la variante française d'un phénomène mondial.

Deuxièmement, il est important de se souvenir qu'à cette époque, avant les remaniements décidés chez nous en partie sous la poussée planétaire de la jeunesse, les étudiants, et même les lycéens, représentent une très petite minorité de la jeunesse tout court. Ce phénomène est masqué aujourd'hui parce que, depuis la loi Chevènement de 1985 et celles qui ont succédé, on peut afficher que, dès 2012, 79 % d'une classe d'âge a passé le bac. En vérité, cette affirmation triomphale dissimule la stabilité des déterminations de classe. Car le bac général, seul héritier véritable du bac ancien, est remarquablement stable depuis vingt ans : 33 % d'une classe d'âge passe ce bac en 1990, et 38 % en 2012. Le bac « populaire » le plus difficile, à savoir le bac technique, est tout aussi stable, voire en légère régression : 18 % en 1990, 16 % en 2012. C'est le bac pro, véritable sous-bac pour les masses, qui crée l'ascension apparente : 5 % juste après sa création en 1990, 25 % en 2012. La vérité est que le bac bourgeois/petit bourgeois concerne, en 2012, 38 % de la population, et les deux bacs populaires 41 %. Reste 21 % d'exclus, ce qui n'est pas négligeable du tout. Ces chiffres donnent un résultat en termes d'analyse de classe tout à fait classique dès qu'il s'agit d'un pays « développé », ce qui veut dire une puissance impériale : 38 % d'oligarchie et de petite bourgeoisie aisée, 62 % de salariés de base et de chômeurs. Cela dit, la situation que symbolise le mot « bac » est très différente quand on veut parler de Mai 68. En 1967, seulement un peu plus de 15 % d'une classe d'âge passe son bac. Quand on parle d'« étudiants », on parle d'une fraction très restreinte, et bien évidemment privilégiée, de l'ensemble de la jeunesse, fraction très fortement séparée de la masse de la jeunesse populaire. Cela peut éclairer qu'une partie importante du mouvement de la jeunesse, en Mai 68, ait été animée par des fils et des filles de la bourgeoisie, y compris de la grande bourgeoisie. Et ce phénomène explique à son tour que la cohérence idéologique du mouvement ait été faible : une extraordinaire renégation décime le camp militant, et singulièrement ceux qui y occupaient une fonction dirigeante, et ce, dès la fin des années soixante-dix. Nombre d'intellectuels se frappent la poitrine en abjurant qui le maoïsme, qui le trotskisme, qui le stalinisme, et rallient en masse la « démocratie », les « droits de l'homme » et la « civilisation occidentale ». Ce curieux phénomène s'éclaire quand on se souvient que la jeunesse étudiante de Mai 68 était en fait très majoritairement issue de la bourgeoisie dominante. Voyant que nulle victoire révolutionnaire, où elle pourrait jouer un rôle glorieux, ne montrait le bout de son nez, et qu'il n'y aurait pas, pour les dirigeants improvisés des groupes politiques, un alléchant transfert de notoriété, il est en somme normal qu'une fraction significative des révoltés de 68 ait rejoint la situation rentière de son camp d'origine.

Reste qu'en Mai 68 d'abord, puis dans la séquence qui va, en comptant large, de 1968 à 1978 – les dix « années rouges » –, les étudiants et toute une fraction de l'intelligentsia ont animé un fort mouvement idéologique et pratique.

La troisième et dernière remarque concernant ce premier Mai 68 est que les éléments de nouveauté sont de deux sortes : d'une part, la force extraordinaire de l'idéologie et des symboles, le vocabulaire marxiste, l'idée de révolution. Au-delà du fourmillement d'organisations et de groupuscules, souvent férocement opposés, une sorte de langage commun – mélange de virulence anarchiste, de dogmatique marxiste et de poésie circonstancielle – unifie la symbolique du mouvement et confère à ses mots d'ordre une tonalité reconnaissable. Les très belles affiches réalisées par les étudiants de l'école des Beaux-Arts sont une sorte de récapitulation visuelle de cette invention. D'autre part, il y a, de façon assez générale, une neuve acceptation de la violence, de sa légitimité, même si elle n'est pratiquée dans la rue que par des groupes organisés et restreints. Cette violence est largement défensive, antirépressive, contre les forces de l'État, mais pas seulement. On pourra voir pendant pas mal d'années encore des détachements universitaires aller jeter des pavés sur les agences bancaires, les tanières yankees ou les officines patronales. La fabrication et le maniement du cocktail Molotov s'apprendront jusque dans les cours de l'École normale supérieure. Tout cet arsenal idéologique et activiste donne sa couleur, et ses fortes images, à la levée étudiante et lycéenne durant quelques années, à partir de la première explosion printanière.

Cela dit, on ne saurait non plus oublier qu'une part très importante numériquement du mouvement étudiant a consisté en d'interminables assemblées générales destinées en principe à transformer l'Université, à créer des « groupes de travail », à contester les examens, à critiquer le « cours magistral », à changer imaginairement les programmes et autres occupations de second ordre, quoique pleines de bonne volonté.

Mais tout mouvement comporte sa part immanente d'inertie, ou de vaine agitation. Idéologie révolutionnariste codée, actions localement dures, temps perdu et réformes chimériques : tout cela compose le premier Mai 68.

3

Il y a eu trois Mai 68
Le deuxième...

Un deuxième Mai 68, tout différent, est la plus grande grève générale de toute l'histoire française. C'est là une composante très importante. Par beaucoup d'aspects, cette grève générale est assez classique et sera notamment souvent comparée au grand soulèvement ouvrier de 1936, au moment de la mise en place du gouvernement de Front populaire. Elle va être d'emblée structurée autour des grandes usines et des entreprises nationalisées – automobile, aciéries, chimie, raffinage pétrolier, SNCF... Au-delà des épisodes initiaux, sur lesquels je reviendrai, elle sera pour l'essentiel structurée et animée par les syndicats, et singulièrement par la CGT, alors encore entièrement sous la coupe du PCF. En particulier l'extension du mouvement aux entreprises moyennes et petites sera très « encouragée » par de persuasifs détachements syndicaux.

On peut du coup dire que, dans son étendue et sa durée, dans sa figure « moyenne », cette grève est historiquement située dans un contexte très différent de la révolte de la jeunesse, dont le PCF tentera – ce point, nous le verrons, est de la plus grande importance – de la séparer par de véritables murailles. Elle appartient à un contexte que je dirais plus classiquement de gauche, au sens où, à cette époque, le PCF est sans aucun doute la composante de cette gauche la plus présente en milieu ouvrier.

Cependant cette grève est également animée d'éléments de radicalité novateurs, lesquels sont au nombre de quatre.

1. D'abord, le lancement de la grève, son déclenchement, est largement extérieur aux institutions ouvrières officielles. La plupart du temps ce sont des groupes de jeunes ouvriers qui ont démarré le mouvement en dehors des grandes organisations syndicales, lesquelles l'ont rallié ensuite, en partie pour être en mesure de le contrôler. Il y a donc, dans ce Mai 68 ouvrier, un élément de révolte qui est, lui aussi, interne à la jeunesse. Ces jeunes ouvriers ont pratiqué ce qu'on appelait souvent des « grèves sauvages », pour les distinguer des grandes journées syndicales traditionnelles. Notons que ces grèves sauvages commencent dès 1967, notamment en Normandie, et que donc le Mai 68 ouvrier n'est pas simplement un effet du Mai 68 étudiant, il l'a aussi anticipé. Ce lien temporel et historique entre mouvement de la jeunesse instruite et mouvement ouvrier est tout à fait particulier.

2. Autre élément de radicalité : l'usage systématique de l'occupation des usines. Évidemment, c'est un héritage des grandes grèves de 1936 ou 1947, mais c'est plus généralisé. La presque totalité des usines sont occupées et couvertes de drapeaux rouges. Ça, c'est une grande image ! Mais il faut ici rappeler que les bâtiments universitaires étaient eux aussi occupés, et couverts d'affiches, de banderoles et de drapeaux. Il faut voir ce que c'était que ce pays où, simultanément, toutes les usines et toutes les facultés étaient couvertes de drapeaux rouges. Celui qui a vu cela ne peut l'oublier.

3. Troisième élément « dur » : dès cette époque, et dans les années qui vont suivre, il y a une pratique assez systématique non seulement de l'occupation, nuit et jour, de l'appareil de production, mais aussi de la séquestration du patronat et des bagarres périphériques avec l'encadrement ou les CRS. Ce qui veut dire que le point dont je parlais tout à l'heure, une certaine acceptation de la violence, existe dans le mouvement étudiant et lycéen, mais existe aussi, sous des formes différentes, dans le mouvement ouvrier.

4. Il faut enfin rappeler, pour en finir avec ce deuxième Mai 68, que, compte tenu de tous ces éléments, la question de la durée et du contrôle du mouvement va être très aiguë. Entre la volonté dirigeante de la CGT et les pratiques qui relèvent de ce que l'historien Xavier Vigna nomme l'« insubordination ouvrière », il va y avoir des conflits intérieurs au

mouvement de grève, conflits très vifs. À partir d'un certain moment, le PCF et la CGT, qui font organiquement partie de la « démocratie » parlementaire, veulent que prédomine leur capacité de négociation avec l'État, leur reconnaissance, en quelque sorte officielle, en tant que forces dirigeantes du mouvement. Pompidou, alors Premier ministre, leur accorde cette issue et ouvre au ministère du Travail une grande négociation, dite « de Grenelle ». Il y sera question, très classiquement, d'augmentations des salaires, du reste substantielles, et de paiement des jours de grève, toutes choses qui ont pour avantage que la révolte étudiante n'en a rien à faire. Mais, présenté en grande pompe aux grévistes de l'usine Renault de Billancourt réunis en assemblée générale, ce protocole d'accord est rejeté à une forte majorité. Du coup, la durée du mouvement va dépasser toutes les habitudes. En ce sens, on peut dire qu'une subjectivité ouvrière rebelle associait la grève à quelque chose d'encore indistinct, mais qui, en tout cas, n'était pas soluble dans le classique doublet revendication ouvrière/négociation syndicale. Une brèche s'ouvrait, réelle quoique peu visible, pour une percée politique, pour une autre vision de ce type de conflit.

4

Il y a eu trois Mai 68
Le troisième…

Ce troisième Mai 68, plus proche sans doute du premier que du second, mais en définitive hétérogène aux deux, je l'appellerai le Mai libertaire. On pourrait dire qu'il ne se situe exactement ni dans les levées démocratiques (au sens réel, un peu anarchisant, en tout cas non parlementaire du terme), ni dans les paramètres de lutte des classes tels qu'ils sont véhiculés par le PCF, la CGT, et aussi les organisations trotskistes comme Lutte ouvrière. On pourrait plutôt l'annexer à une tradition du communisme utopique, celui de Fourier, ou encore, à un niveau plus intellectualisé, à la tradition surréaliste, celle qui pense que « révolution » veut d'abord dire : changements esthétiques de nos vies.

En ce dernier sens, le penseur fétiche de ce troisième Mai 68 a pu être Guy Debord, grand descendant moderne du surréalisme des années vingt et théoricien stylé, quelque peu aristocratique, du communisme comme mutation existentielle dans un monde désaliéné, extirpé de la marchandise et du culte de la consommation. Encore aujourd'hui, certains attribuent du reste à Debord une importance quasi centrale en Mai 68, même si en réalité il n'a fait qu'effleurer le premier des trois Mai, et donner quelques vocables au troisième, sans avoir eu aucun rapport réel au second. Il y a quelque chose de comparable dans le destin, à propos de Mai 68, du vitalisme philosophique de Deleuze. Personnellement, Deleuze restait éloigné de la politique militante. Mais sa forte pensée a servi à faire du « mouvement », et de lui seul, la catégorie en laquelle se cristallise la promesse des mondes nouveaux et des vies sublimées, et du désir, le moteur individualisé du mouvement.

Il faut dire que le matériau du troisième Mai 68 se prêtait à ce genre de variation. Les questions dominantes y étaient en effet la transformation des mœurs, les nouveaux rapports amoureux, la liberté individuelle. Le mouvement étudiant était interrogé du biais de la « misère sexuelle ». L'esthétique l'emportait largement sur la politique. C'est ce chaudron anarchisant qui va donner une partie de sa couleur au mouvement des femmes, comme à celui des droits et de l'émancipation des homosexuels. Toute cette agitation vitale va aussi affecter la sphère culturelle, avec l'idée d'un nouveau théâtre où le corps est la présence principale, celle d'une nouvelle forme de parole publique, d'un nouveau style de l'action collective, à travers la promotion du happening, de l'improvisation et les états généraux du cinéma... Cela constitue aussi une composante particulière de Mai 68, qu'on peut dire idéologique, et qui, si elle tourne parfois à la parole snob et aux langueurs festives, n'en participe pas moins à la tonalité générale de l'événement.

5

Il y a eu, essentiel,
un quatrième Mai 68

Il faut se souvenir que ces trois composantes de Mai 68 restent distinctes, malgré des intersections importantes. Il peut y avoir entre elles des conflits significatifs. Entre le « gauchisme » général du mouvement et la gauche classique, notamment le PCF, il y aura de véritables affrontements, également entre le gauchisme politique (souvent représenté par le trotskisme) et le gauchisme culturel, plutôt anarchiste. Tout cela donne une image de Mai 68 comme effervescence contradictoire et pas du tout comme fête unifiée. La vie politique de Mai 68 est intense et se donne dans une multiplicité de contradictions.

Les trois composantes sont représentées par de grands lieux symboliques. Pour les étudiants, c'est la Sorbonne occupée ; pour les ouvriers, ce sont les grandes usines automobiles (au cœur desquelles Renault-Billancourt) ; pour le Mai libertaire, l'occupation, au demeurant dévastatrice, du théâtre de l'Odéon.

Trois composantes, trois lieux, trois types de symbolique et donc de discours ; donc, cinquante ans après, trois bilans différents. Côté étudiant, des tentatives de réforme des études, la mise à la question du cours magistral et des examens, la promotion des groupes de travail volontaires, la création, par Edgar Faure devenu ministre de l'Éducation nationale, d'une université expérimentale, Paris VIII, logée dans le bois de Vincennes, et qui deviendra en effet, pendant quelques années, une sorte de laboratoire, investi par toutes les tendances politiques. Côté ouvrier, après une grève générale dure et d'une longueur inusitée, une solide augmentation des salaires (il faut dire que le boom économique assure le plein emploi, et donc une situation de relative faiblesse du patronat), des noyaux de jeunes révoltés dans les usines, le sentiment vague, aussi, que CGT et PCF ont en un sens suivi le mouvement à distance plutôt qu'ils ne l'ont désiré et consolidé. Qu'ils ont redouté les « gauchistes » plus encore qu'ils n'ont combattu le gouvernement. Côté libertaire, on aura, outre un déploiement philosophique, littéraire, artistique, autour de la référence à « nos vies » (qu'on a retrouvée jusqu'aux mouvements des années 2016 et 2017), les mouvements qui gravitent autour du « genre » sexuel, la libéralisation de la contraception et de l'avortement, une esquisse de mutation du rapport amoureux, bref, un ébranlement de ce pilier de la réaction qu'a toujours été la famille.

Mais en définitive, quand on parle aujourd'hui de Mai 68, de quoi parle-t-on ? De l'ensemble complexe des trois Mai 68, ou d'une seule des trois composantes qu'on isole en fonction d'intérêts idéologiques ou politiques relevant du temps présent ?

Pour ce qui me concerne, *je voudrais soutenir qu'aucune de ces trois composantes n'est la plus importante, car il y a eu un quatrième Mai 68, qui, lui, est essentiel, et prescrit encore l'avenir.*

Ce Mai 68-là est moins lisible, parce qu'il s'est déployé dans le temps plutôt que dans l'instant. Il est ce qui suit le joli mois de mai, engendrant des années politiques intenses. Malaisément saisissable si l'on s'en tient étroitement aux circonstances initiales, il domine la séquence qui va de 1968 à 1978, puis il est peu à peu refoulé et absorbé, d'abord par l'émergence du contre-courant idéologique et renégat surnommé « nouvelle philosophie » – bien que ce courant ne soit ni nouveau ni philosophique –, puis par la victoire de l'union de la gauche et les tristes « années Mitterrand », et enfin par l'installation dominatrice d'un capitalisme revenu à sa primitive sauvagerie libérale. Même si le quatrième Mai 68 survit, sous des formes significatives, jusqu'aux alentours du nouveau siècle, voire jusqu'à aujourd'hui, notamment, soyons prétentieux, en ma personne et en quelques autres, je m'en tiendrai à la solution raisonnable de parler à son sujet des « deux décennies, 1968-1988 » plutôt que de Mai 68.

Le processus du quatrième Mai 68 a deux aspects. D'abord la conviction que, à partir des années soixante, on assiste à la fin d'une vieille conception de la politique. Ensuite, la recherche un peu aveugle, pendant toute la décennie 1970-1980, d'une autre conception de la politique. La différence de ce quatrième élément d'avec les trois premiers est qu'il est tout entier investi par la question : « Qu'est-ce que la politique ? » comme question à la fois très théorique, très difficile, et cependant tributaire d'une masse d'expérimentations immédiates dans lesquelles on s'engage avec enthousiasme.

La vieille conception avec laquelle on cherche alors à rompre repose sur l'idée, dominante au départ, au début des années soixante, chez toutes les espèces de militants, et en ce sens uniformément acceptée dans le camp « révolutionnaire », qu'existe un agent historique qui porte la possibilité de l'émancipation. On l'appelle « classe ouvrière », « prolétariat », quelquefois « peuple », on discute de sa composition, de son étendue, mais on en admet l'existence. À l'époque, on suppose ainsi que la politique d'émancipation, nommée « communisme » sans trop de réticence, n'est pas une pure idée, une volonté, une prescription, mais que, comme le soutient un certain marxisme qu'on peut dire historiciste, elle est inscrite, et presque programmée, dans la réalité historique et sociale.

Une conséquence de cette conviction est que cet agent objectif doit être transformé en puissance subjective, que cette entité sociale doit devenir un acteur subjectif. Pour cela, il faut qu'il soit représenté par une organisation spécifique, et c'est ce qu'on appelle précisément un parti, le parti de la classe ouvrière, ou le parti populaire. Ce parti doit être présent partout où il y a des lieux de pouvoir ou d'intervention.

Il y a certes des discussions considérables sur ce que c'est que ce parti : est-ce qu'il existe déjà, est-ce qu'il faut le créer, ou le recréer, quelle peut en être la forme, etc. ? Mais il y a un accord de fond sur l'existence d'un agent historique et sur la nécessité de son organisation. Cette organisation politique doit évidemment avoir des relais sociaux, les organisations de masse, qui plongent leurs racines dans la réalité sociale immédiate. C'est toute la question de la place du syndicalisme, de sa relation au parti, de ce que veut dire un syndicalisme de lutte des classes.

Cela donne quelque chose qui subsiste encore aujourd'hui, qui est que l'action politique émancipatrice a deux faces. Il y a d'abord les mouvements sociaux, liés à des revendications particulières, et dont les organisations naturelles sont les syndicats, et puis il y a ensuite la composante de type parti, qui consiste à livrer des batailles pour être présent dans tous les lieux de pouvoir possibles, et y transporter, si l'on peut dire, la force et le contenu des mouvements sociaux.

C'est la conception qu'on pourrait dire classique. Cette conception, au tout début de la séquence nommée Mai 68, est largement partagée par tous les acteurs, et surtout elle est omniprésente par son langage. Que ce soient les acteurs des institutions dominantes ou les contestataires, les communistes orthodoxes ou les gauchistes, les maoïstes ou les trotskistes, tous utilisent le lexique des classes, de la lutte des classes, de la direction prolétarienne des luttes, des organisations de masse et du parti. Après quoi, il y a de violents désaccords sur la légitimité des uns ou des autres et sur la signification des mouvements. Mais le langage est le même et l'emblème commun est le drapeau rouge.

Je soutiendrais volontiers que l'unité politique latente de Mai 68, par-delà ses contradictions véhémentes, c'est le drapeau rouge. En Mai 68, pour la dernière fois, en tout cas jusqu'à aujourd'hui, et sans doute hélas jusqu'à tout « demain » proche, le drapeau rouge a couvert le pays, les usines, les quartiers. Vers la fin du mois de mai, en 1968, on le voyait même aux fenêtres des appartements d'une fraction de la bourgeoisie, dans des quartiers très différents des fameuses « banlieues » et des redoutables « cités ».

Mais la vérité secrète, et peu à peu dévoilée, c'est que ce langage commun, que le drapeau rouge symbolise, est en réalité en train de mourir. Mai 68 présente une ambiguïté fondamentale entre un langage unanimement partagé et le commencement de la fin de l'usage, en tout cas de l'usage a-critique, de ce langage. Entre ce qui commence et ce qui est clos, il y a une sorte d'indistinction provisoire, qui fait l'intensité mystérieuse de Mai 68.

Ce langage commun, ce marxisme ordinaire des partis et des syndicats « de lutte de classe », est en train de mourir dans les faits, car Mai 68 timidement, mais les années qui suivent vigoureusement, déploient une mise en cause massive de la légitimité des organisations historiques de la gauche, des syndicats, des partis, des leaders connus. Y compris dans les usines il y a contestation de la discipline, de la forme habituelle des grèves, de la hiérarchie du travail, de l'autorité syndicale sur les mouvements. L'action ouvrière et populaire est tirée hors de son cadre normal par des initiatives considérées comme anarchiques ou sauvages. Il y a enfin, et peut-être surtout, une critique radicale de la démocratie représentative, du cadre parlementaire et électoral, de la « démocratie » en son sens étatique, institutionnel, constitutionnel, auquel toutes les organisations « révolutionnaires » confient, de fait, leur destin, ne serait-ce que par leur adhésion invariable à ce que les révoltés du XIXe siècle avaient très justement nommé le « crétinisme parlementaire ».

Il ne faut surtout pas oublier, je le répète, que le mot d'ordre final de Mai 68 est « Élections, piège à cons ». Et ce n'est pas un simple emballement idéologique ; des raisons précises justifient cette hostilité à la démocratie représentative. Après un grand mois de mobilisation étudiante, puis ouvrière et populaire sans précédent, le gouvernement réussit à organiser des élections et le résultat est la Chambre la plus réactionnaire que l'on ait connue ! Il est alors clair pour tout le monde que le dispositif électoral n'est pas seulement, ni même principalement, un dispositif de représentation, c'est aussi un dispositif de répression des mouvements, des nouveautés, des ruptures.

À travers tout cela – toute cette « grande critique », pour parler comme les révolutionnaires chinois –, qui est essentiellement négatif, chemine une vision nouvelle, une vision de la politique qui tente de s'arracher à la vision classique. C'est cette tentative que j'appelle le quatrième Mai 68. Il cherche ce qui peut exister au-delà de la clôture du révolutionnarisme classique. Il cherche de manière aveugle, parce qu'il cherche en utilisant le même langage que celui qui domine dans la conception dont il veut se défaire. D'où la thématique, évidemment insuffisante, de la « trahison » ou du « renoncement » : les organisations traditionnelles trahiraient le langage qui est le leur. Elles dresseraient – c'est encore la belle langue imagée des Chinois – « le drapeau rouge contre le drapeau rouge ».

Si nous, maoïstes, appelions le PCF et ses satellites des « révisionnistes », c'est que nous pensions, comme Lénine le pensait des sociaux-démocrates Bernstein ou Kautsky, que ces organisations changeaient en son contraire le langage marxiste qu'elles utilisaient en apparence. Nous ne percevions pas encore que c'étaient certains éléments de ce langage lui-même qu'il fallait, affirmativement cette fois, transformer, en tirant les leçons de sa mise en œuvre dans les grandes révolutions en Russie et en Chine, comme de sa survie dans les partis communistes du monde entier. Et si nous étions maoïstes, c'est parce que nous découvrions peu à peu qu'en vérité Lénine, dès la fin des années vingt, et bien plus encore Mao, dans l'immense mouvement nommé « Révolution Culturelle », mouvement dont Mai 68 était contemporain, avaient eux-mêmes entrepris de faire passer la thématique du marxisme révolutionnaire et la théorie du parti communiste dans une nouvelle étape de son devenir.

Le centre de gravité de notre recherche aveugle a été l'ensemble des figures d'un lien direct entre les Mai 68 différents. Le quatrième Mai est la diagonale des trois autres. Notre trésor était l'ensemble des initiatives prises pour pouvoir circuler entre les trois mouvements hétérogènes, et tout particulièrement entre le mouvement étudiant et le mouvement ouvrier, comme cela du reste avait été le cas à une échelle sans précédent pendant la Révolution Culturelle, dominée en 1965-1966 par le mouvement de la jeunesse (celui connu sous le nom de « gardes rouges »), puis en 1966-1969 par le mouvement ouvrier dont le paradigme avait été l'étonnante création, à partir de janvier 1967, de la « Commune de Shanghai ».

Le maoïsme français a été une sorte de fusion, idéologique et pratique, entre les leçons contemporaines de la Révolution Culturelle chinoise et les circonstances concrètes les plus frappantes des trois courants constitutifs du Mai 68 français. On me permettra, pour le faire comprendre, d'introduire ici des éléments biographiques.

6

Petit récit personnalisé

Au moment où Mai 68 démarre, je suis maître-assistant dans une ville de province. La fac (en fait un petit centre universitaire qui ne contient guère que la propédeutique) est mise en grève, avec le classique retard français entre ce qui se passe dans la région parisienne et ce qui s'ensuit dans l'arrière-pays. Cette grève étudiante ne se distingue en rien de ce qui se passe ailleurs : mélange de convictions et de bavardages, de déclarations « politiques » et de réformisme académique. Mais, comme ailleurs, elle fournit une base à l'action collective. À l'école une fois encore de la situation générale, la grève ouvrière se déploie dans toutes les usines de cette ville, à l'époque une des plus ouvrières de France quant à la statistique de la population.

Et voici qu'un jour, comme ailleurs encore, nous organisons une marche vers la principale usine en grève de la ville. À l'époque, je suis un cadre local du Parti Socialiste Unifié (PSU), en somme un social-démocrate de gauche. Mais ce n'est pas, subjectivement, à ce titre que je me tiens dans les rangs de tête du cortège. C'est parce que je sais que nous activons là l'originalité centrale dont Mai 68 est capable : une nouvelle diagonale intellectuels-ouvriers. Nous marchons, long et compact cortège, dans le soleil de ce jour, vers ce centre ouvrier. Qu'allons-nous faire là-bas ? Nous ne le savons pas, nous avons seulement la vague idée que la révolte étudiante et la grève ouvrière doivent s'unir, sans l'intermédiaire des organisations classiques. Nous arrivons vers l'usine barricadée, hérissée de drapeaux rouges, avec un rang de syndicalistes qui se tient devant les grilles soudées, entre suspicion et hostilité. Puis, quelques jeunes ouvriers s'approchent, et d'autres, d'autres encore. Des discussions informelles commencent. Une sorte de fusion locale opère. Nous prenons rendez-vous pour organiser des réunions communes en ville. Là sera constituée la possibilité d'une diagonale active entre deux des Mai 68.

L'année suivante, je suis nommé à la toute neuve université de Vincennes. J'y trouve une totale effervescence, la présence de tous les groupes, et je participe activement à la création d'une nouvelle organisation, explicitement maoïste, qui veut se tenir – Mao lui-même n'avait-il pas dit plusieurs fois qu'il était centriste ? – entre le gauchisme prétentieux de la GP (la Gauche prolétarienne) et le remake droitier du PCF stalinien des années trente qu'est le PCMLF (Parti communiste marxiste-léniniste de France).

Nous nommons cette nouvelle organisation, avec beaucoup de précautions, « Groupe pour la fondation de l'UCFML », soit : le groupe destiné à fonder une union des communistes de France marxistes-léninistes, union destinée à son tour à créer, dans les luttes elles-mêmes, un parti communiste de type nouveau. Autant dire que ce parti, ce n'est pas pour demain ! D'abord, il faut se lier aux masses ouvrières, créer des noyaux communistes, être présents dans les luttes, déplier peu à peu notre nouveauté politique.

C'est dans ce cadre que, dès la séquence fondamentale qui va de Mai 68 au début des années soixante-dix, les réunions étudiants-ouvriers dans la ville de province dont j'ai parlé trouvent finalement leur destin politique : par une fusion explicite entre la nouveauté ouvrière encore aveugle, la venue des étudiants, la création d'une organisation maoïste centralisée, elles auront été la matrice de la naissance d'une organisation d'usine, la « caisse de solidarité », absolument nouvelle dans sa composition et dans ses buts, et qui subsistera pendant de longues et actives années.

Nous pouvons alors dire que ce qui se passait là, à la porte de l'usine, en Mai 68, cette diagonale pratique entre le Mai numéro 1 et le Mai numéro 2, marquée subjectivement par un enthousiasme à la fois joyeux et angoissé dont le Mai numéro 3 tirait sa philosophie, donnant ainsi exemple de ce que devait et pouvait être le Mai numéro 4 comme diagonale des trois autres, a eu pour devenir une vie politique entièrement nouvelle dans une grande usine.

Or cette vie politique était tout à fait invraisemblable, inimaginable une ou deux semaines avant notre cortège de la fac vers l'usine. Le solide dispositif syndical et partidaire tenait en général les ouvriers, les jeunes, les intellectuels fermement enfermés dans leurs organisations respectives. La seule médiation passait par les directions locales ou nationales. Dans la situation du moment, ce dispositif se fissurait sous nos yeux. Et de cette nouveauté nous étions à la fois les acteurs immédiats et les spectateurs éblouis.

Ça, c'est l'événement au sens philosophique du terme : quelque chose se passe dont les conséquences, quoique nécessaires, ne pouvaient cependant être prévues. Et en ce sens, c'est le quatrième Mai 68 qui, dans l'ordre politique, a été événementiel, et lui seul. L'événement d'une nouvelle idée de la politique.

Quelles sont les conséquences de l'événement, tout au long des dix « années rouges », de 1968 à 1978, et de leur déploiement oppositionnel de 1978 à 1988 ? Rien de plus, rien de moins que la recherche d'une autre politique, éclairée par le stade maoïste de la pensée marxiste, recherche menée par une poignée d'intellectuels, quelques milliers d'étudiants et de lycéens, et quelques centaines d'ouvriers ou de femmes des cités. Ajoutons que pas mal de prolétaires, souvent venus d'Afrique, jouèrent, via les usines et les foyers, un rôle créateur considérable dans toute cette séquence.

Que pourrait être, demandions-nous, et avec parfois de grands succès expérimentaux – comme avec d'autres, je le demande encore aujourd'hui –, une pratique de la politique qui n'accepte pas de laisser chacun à sa place ? Qui accepte des trajets inédits, des rencontres impossibles, des réunions entre gens qui ordinairement ne se parlent pas ? Que peut-être une pensée-pratique qui soit en quelque sorte *immédiatement* communiste ?

Or c'est à ce moment de Mai 68, là, devant l'usine, avec notre maladroit cortège, que nous avons compris, sans tout à fait encore le comprendre, que si une politique communiste nouvelle est possible, elle partira de la liaison de masse, elle sera un bouleversement des classifications établies, elle ne consistera pas à organiser chacun à sa place, elle organisera au contraire des déplacements, matériels et mentaux, foudroyants. Elle se fera par la présence immanente d'intellectuels dans les usines, les foyers, les quartiers, les campagnes, pour qu'un principe organisé s'y constitue qui, comme le disait Mao, « rendra aux masses sous une forme précise ce qu'elles nous auront donné sous une forme encore confuse ».

Au fond, Mai 68, le quatrième, le vrai, est l'histoire d'un déplacement, sans doute encore en partie aveugle. Ce qui nous animait, ce qui nous enthousiasmait, était la conviction qu'il fallait en finir avec les places. Au sens général, c'est ce que recouvre le beau mot de communisme, société égalitaire, société qui par son propre mouvement abat les murs et les séparations, société de la polyvalence et des trajets variables, dans le travail comme dans la vie. Mais « communisme » veut aussi dire : formes d'organisation politique dont le modèle n'est pas la hiérarchie des places. Le quatrième Mai 68, c'était ça : l'ensemble des expériences qui ont attesté que l'impossible bouleversement des places sociales, le renversement de l'impitoyable, de la sordide hiérarchie des fortunes, des libertés et des pouvoirs étaient politiquement possibles, à travers un type inédit de prise de parole et la recherche tâtonnante de formes d'organisation adéquates à la nouveauté de l'événement.

7

Et aujourd'hui ?

Dix ans après Mai 68, le processus de l'union de la gauche et l'élection de Mitterrand ont en partie refoulé tout cela, imposant en apparence un retour aux modèles classiques. On revenait au « chacun à sa place » caractéristique de ce modèle : les partis de gauche gouvernent s'ils le peuvent, les syndicats revendiquent, les intellectuels intellectualisent, les ouvriers sont dans l'usine, etc. Comme tous les retours à l'ordre, cette aventure d'une « gauche » en réalité déjà morte a induit dans une large fraction du peuple une illusion assez brève, située au tout début des années quatre-vingt, entre 1980 et 1983. Il a fallu que de nouvelles générations réapprennent douloureusement que la gauche n'est pas, n'est jamais, une nouvelle chance de la vie politique. C'est toujours un revenant fortement marqué par les stigmates de la pourriture. Dès 1982-1983, on le vit bien, avec la « rigueur », les ouvriers grévistes de Talbot traités de terroristes chiites, déjà, l'ouverture des camps de rétention, les décrets contre l'immigration familiale, et la mise en route par Bérégovoy d'une libéralisation financière sans précédent, qui commençait l'inclusion de la France dans le capitalisme mondialisé le plus féroce.

Mais finalement nous pouvons dire que nous sommes toujours sur la brèche des dures questions ouvertes par Mai 68. Du point de vue de la politique, de sa définition, de son avenir organisé nous sommes contemporains de 68 dans un sens très fort du mot. Bien sûr, le monde a changé, les catégories ont changé, jeunesse étudiante, ouvriers, paysans, cela veut dire autre chose aujourd'hui, les organisations syndicales et partidaires dominantes à l'époque sont aujourd'hui en ruine. Mais *nous avons le même problème*, nous sommes contemporains du problème que le quatrième Mai 68 a mis à l'ordre du jour, à savoir que le communisme, à l'école des dernières interventions de Lénine et du Mao de la Révolution Culturelle chinoise, doit être simultanément ressaisi et réinventé.

Nous, militants des années soixante et soixante-dix, et encore quatre-vingt, voire plus tard, nous n'avons pas eu besoin de l'effondrement de l'URSS à la fin des années quatre-vingt pour le savoir. D'innombrables choses nouvelles ont été expérimentées, tentées, testées, dans la pensée comme dans les pratiques qui lui sont dialectiquement liées. Et cela continue, grâce à l'énergie souvent marquée de solitude apparente d'une poignée de militants, intellectuels et ouvriers confondus. Ils sont les gardiens de l'avenir et inventent cette garde. Mais on ne peut pas dire que le problème est résolu, le problème des nouvelles formes d'organisation adéquates au traitement contemporain des antagonismes politiques. C'est comme en science : tant qu'un problème n'est pas résolu, vous avez toutes sortes de découvertes stimulées par la recherche de sa solution, parfois de nouvelles théories entières voient le jour pour cette raison, mais le problème comme tel demeure. Ainsi, de nombreux très grands mathématiciens sont restés contemporains de Fermat (homme du XVIIe siècle) jusqu'à ce que Wiles, il y a quelques années, trouve enfin la solution. On peut définir de la même façon notre contemporanéité avec Mai 68, qui peut aussi se dire : fidélité au quatrième Mai 68.

Ce qui est premièrement décisif, c'est de maintenir l'hypothèse historique d'un monde délivré de la loi du profit et de l'intérêt privé. Tant qu'on est, dans l'ordre des représentations intellectuelles, soumis à la conviction qu'on ne peut pas en finir avec cela, que c'est la loi du monde, aucune politique d'émancipation n'est possible. C'est ce que j'ai proposé d'appeler l'hypothèse communiste. Elle est en réalité largement négative, car il est plus sûr et plus important de dire que le monde tel qu'il est n'est pas nécessaire, que de dire « à vide » qu'un autre monde est possible. C'est une question de logique modale. Dans celle qui, politiquement, devrait s'imposer, on va de la non-nécessité à la possibilité. En effet, si l'on admet la nécessité de l'économie capitaliste déchaînée et de la politique parlementaire qui la soutient, on ne peut tout simplement pas *voir*, dans la situation, d'autres possibilités.

Deuxièmement, il faut tenter de garder les mots de notre langage, alors que nous n'osons plus les prononcer, ces mots qui étaient encore ceux de tout le monde en 68. On nous dit : « Le monde a changé donc vous ne pouvez plus les prononcer, vous savez que c'était un langage d'illusion et de terreur. » Mais si ! Nous pouvons ! Nous devons ! Le problème demeure, et donc nous devons pouvoir prononcer ces mots. C'est à nous qu'il revient de les critiquer, de leur donner un nouveau sens. Nous devons pouvoir dire encore « peuple », « ouvrier », « abolition de la propriété privée », etc., sans être considérés à nos propres yeux comme des ringards. Nous devons discuter ces mots dans notre propre champ, dans notre propre camp. Il faut en finir avec le terrorisme langagier qui nous livre aux ennemis. Abdiquer dans le langage, accepter la terreur qui nous interdit intimement de prononcer les mots qui ne sont pas dans la convenance dominante, est une oppression intolérable.

Enfin, nous devons savoir que toute politique est organisée et que la question sans doute la plus difficile à résoudre par de multiformes expérimentations, qui ont commencé dès 68, c'est de savoir de quel type d'organisation nous avons besoin. Car le dispositif classique du parti, appuyé sur des relais sociaux et dont les « combats » les plus importants sont en fait les combats électoraux, est une doctrine qui a donné tout ce qu'elle pouvait. Elle est usée, elle ne peut plus fonctionner, malgré les grandes choses qu'elle a pu donner, ou accompagner, entre 1900 et 1960.

Le traitement de notre fidélité à Mai 68 s'exerce à deux niveaux. Dans l'ordre de l'idéologie et de l'histoire, il convient que nous fassions notre propre bilan du XXe siècle, de façon à reformuler une vision stratégique dans les conditions de notre temps, après l'échec des États socialistes. Par ailleurs, nous savons que sont engagées des expérimentations locales, des batailles politiques, sur le fond desquelles sont créées de nouvelles figures d'organisation. Nous devons y participer et les éclairer du point de vue de l'hypothèse communiste.

8

Pour conclure

Cette combinaison d'un travail idéologique et historique complexe et de données théoriques et pratiques concernant les nouvelles formes de l'organisation politique définit notre époque. Époque que je désignerais volontiers comme *l'époque de la reformulation de l'hypothèse communiste.* Quelle est alors la vertu qui pour nous est la plus importante ? Vous savez que les révolutionnaires de 1792-1794 utilisaient le mot « vertu ». Saint-Just demandait, question capitale : « Que veulent ceux qui ne veulent ni la vertu ni la terreur ? » Et il répondait : ils veulent la corruption. Et c'est bien ce que le monde d'aujourd'hui exige de nous : consentir à la corruption généralisée des esprits, sous le joug de la marchandise et de l'argent. Contre cela, la principale vertu politique aujourd'hui est le courage. Le courage, pas seulement devant la police, cela viendra certainement, mais le courage de défendre et de pratiquer nos idées, nos principes et nos mots, d'affirmer ce que nous pensons, ce que nous voulons, ce que nous faisons.

Disons-le en un mot : il nous faut le courage d'avoir une idée. Une grande idée. Soyons convaincus qu'avoir une grande idée n'est ni ridicule ni criminel. Le monde du capitalisme généralisé et arrogant où nous vivons nous ramène aux années 1840, au capitalisme naissant, dont l'impératif, formulé par Guizot, est : « Enrichissez-vous ! » Ce que nous traduirons par : « Vivez sans idée ! » Nous devons dire qu'on ne vit pas sans idée. Nous devons dire : « Ayez le courage politique de soutenir l'idée, qui ne peut être que l'idée communiste, en son sens générique. » Voilà pourquoi nous restons contemporains de Mai 68. À sa manière, il a déclaré que la vie sans idée était insupportable. Puis une longue, une terrible résignation s'est installée. Aujourd'hui trop de gens pensent que vivre pour soi-même, pour ses intérêts, est inéluctable. Ayons le courage de nous séparer de ces gens. Comme en 68, nous refuserons l'impératif : « Que pouvoir consommer te suffise. Vis sans idée. »

Le philosophe que je suis doit ici dire quelque chose qui a été répété depuis Platon, quelque chose de très simple. Il dit qu'il *faut* vivre avec une idée, et qu'avec cette conviction commence ce qui mérite d'être appelé la vraie politique, et avec elle ce que j'ai nommé la vraie vie. Car si nous pensons l'avenir de l'Idée, et mesurons comme il convient la vilenie du monde tel que sous nos yeux il devient ; si nous nous lions aux masses immenses d'ouvriers et de démunis errant à la surface de la terre pour savoir où il est possible de vivre ; si nous portons toutes les leçons, y compris celles du quatrième Mai 68, au cœur du monde vivant, nous pourrons, oui, mais seulement sous ces conditions, redire et suivre l'appel de Mao le plus entendu lors des tempêtes des années soixante et soixante-dix : « On a raison de se révolter. »

DU MÊME AUTEUR

PHILOSOPHIE

Le Concept de modèle, Maspero, Paris, 1969 ; rééd. Fayard, Paris, 2007.
Théorie du sujet, Le Seuil, Paris, 1982.
Peut-on penser la politique ?, Le Seuil, Paris, 1985.
L'être et l'événement, Le Seuil, Paris, 1988.
Manifeste pour la philosophie, Le Seuil, Paris, 1989.
Le Nombre et les nombres, Le Seuil, Paris, 1990.
Conditions, Le Seuil, Paris, 1992.
L'Éthique, Hatier, Paris, 1993 ; rééd. Nous, Caen, 2003.
Deleuze, « la clameur de l'être », Hachette Littératures, Paris, 1997 ; rééd. Pluriel, 2013.
Saint Paul, la fondation de l'universalisme, PUF, Paris, 1997 ; rééd. Quadrige, 2015.
Court traité d'ontologie transitoire, Le Seuil, Paris, 1998.
Petit manuel d'inesthétique, Le Seuil, Paris, 1998.
Abrégé de métapolitique, Le Seuil, Paris, 1998.
Le Siècle, Le Seuil, Paris, 2005.
Logiques des mondes, Le Seuil, Paris, 2006.
Petit panthéon portatif, La Fabrique, Paris, 2008.
Second manifeste pour la philosophie, Fayard, Paris, 2009.
L'antiphilosophie de Wittgenstein, Nous, Caen, 2009.
Le fini et l'infini, Bayard, Montrouge, 2010.
Il n'y a pas de rapport sexuel. Deux leçons sur « L'Étourdit » de Lacan (collab. B. Cassin), Fayard, Paris, 2010.
Heidegger. Le nazisme, les femmes, la philosophie (collab. B. Cassin), Fayard, Paris, 2010.
La Philosophie et l'événement : entretiens avec Fabien Tarby, Germina, Meaux, 2010.
La Relation énigmatique entre politique et philosophie, Germina, Meaux, 2011.
Entretiens. 1981-1999, Nous, Caen, 2011.
La République de Platon, Fayard, Paris, 2012 ; rééd. Pluriel, 2014.

Jacques Lacan, passé, présent : dialogue avec Élisabeth Roudinesco, Le Seuil, Paris, 2012.
L'Aventure de la philosophie française depuis les années 1960, La Fabrique, Paris, 2012.
Pornographie du temps présent, Fayard, Paris, 2013.
Métaphysique du bonheur réel, PUF, Paris, 2015.
À la recherche du réel perdu, Fayard, Paris, 2015.
La Vraie Vie, Fayard, Paris, 2016.
Je vous sais si nombreux…, Fayard, Paris, 2017.

LE SÉMINAIRE

Le Séminaire. Lacan. L'antiphilosophie 3, 1994-1995, Fayard, Paris, 2013.
Le Séminaire. Malebranche. L'être 2. Figure théologique, 1986, Fayard, Paris, 2013.
Le Séminaire. Images du temps présent, 2001-2004, Fayard, Paris, 2014.
Le Séminaire. Parménide, L'être 1. Figure ontologique, 1985-1986, Fayard, Paris, 2014.
Le Séminaire. Heidegger. L'être 3. Figure du retrait, 1986-1987, Fayard, Paris, 2015.
Le Séminaire. Nietzsche. L'antiphilosophie 1, 1992-1993, Fayard, Paris, 2015.
Le Séminaire. L'Un. Descartes, Platon, Kant, 1983-1984, Fayard, Paris, 2016.
Le Séminaire. L'Infini. Aristote, Spinoza, Hegel, 1984-1985, Fayard, Paris, 2016.
Le Séminaire. Que signifie « changer le monde » ?, 2010-2012, Fayard, Paris, 2017.
Le Séminaire. Vérité et sujet, 1987-1988, Fayard, Paris, 2017.
Le Séminaire. Théorie du mal, théorie de l'amour, 1990-1991, Fayard, Paris, 2018.

ESSAIS CRITIQUES

Rhapsodie pour le théâtre, Imprimerie nationale, Paris, 1990 ; rééd. PUF, Paris, 2014.
Beckett, l'increvable désir, Hachette Litteratures, Paris, 1995 ; rééd. Pluriel, 2006.
Éloge de l'amour (collab. N. Truong), Flammarion, Paris, 2009.
Cinéma, Nova Editions, Paris, 2010.
Cinq leçons sur le cas Wagner, Nous, Caen, 2010.
Éloge du théâtre (collab. N. Truong), Flammarion, Paris, 2013.
Éloge des mathématiques (collab. G. Haeri), Flammarion, Paris, 2015.
Que pense le poème ?, Nous, Paris, 2016.
Sur « Le ciel du centaure » de Hugo Santiago (collab. A. Garcia-Duttmann, J.-L. Nancy), Nous, Paris, 2016.

LITTÉRATURE ET THÉÂTRE

Almagestes, prose, Le Seuil, Paris, 1964.
Portulans, roman, Le Seuil, Paris, 1967.
L'Écharpe rouge, roman opéra, Maspero, Paris, 1979.
Ahmed le subtil, farce, Actes Sud, Arles, 1994.
Ahmed philosophe, suivi de *Ahmed se fâche*, théâtre, Actes Sud, Arles, 1995.
Les Citrouilles, comédie, Actes Sud, Arles, 1996.
Calme bloc ici-bas, roman, POL, Paris, 1997.
La Tétralogie d'Ahmed, Actes Sud, Arles, 2010, 2015.
Le Second Procès de Socrate, Actes Sud, Arles, 2015.
Le Noir, Autrement, Paris, 2015.
La République de Platon suivi de L'Incident d'Antioche, Fayard, Paris, 2016.
La philosophie, le théâtre, la vraie vie, Editions universitaires d'Avignon, Avignon, 2016.

ESSAIS POLITIQUES

Théorie de la contradiction, Maspero, Paris, 1975.
De l'idéologie (collab. F. Balmes), Maspero, Paris, 1976.

Le Noyau rationnel de la dialectique hégélienne (collab. L. Mossot et J. Bellassen), Maspero, Paris, 1977.

D'un désastre obscur, *L'Aube*, La Tour-d'Aigues, 1991, rééd. 2012.

Circonstances 1. Kosovo, 11 septembre, Chirac-Le Pen, Leo Scheer, Paris, 2003.

Circonstances 2. Irak, foulard, Allemagne-France, Leo Scheer, Paris, 2004.

Circonstances 3. Portées du mot « juif », Leo Scheer, Paris, 2005.

Circonstances 4. De quoi Sarkozy est-il le nom ?, Lignes, Paris, 2007.

Circonstances 5. L'hypothèse communiste, Lignes, Paris, 2009.

Circonstances 6. Le réveil de l'Histoire, Lignes, Paris, 2011.

Circonstances 7. Sarkozy, pire que prévu. Les autres, prévoir le pire, Lignes, Paris, 2012.

Circonstances 8. Un parcours grec, Lignes, Paris, 2016.

Démocratie, dans quel état ? (en collab.), La Fabrique, Paris, 2009.

L'Explication : conversation avec Aude Lancelin et A. Finkielkraut, Lignes, Paris, 2010.

L'Idée du communisme, 1 (en collab.), Lignes, Paris, 2010.

L'Idée du communisme, 2 (en collab.), Lignes, Paris, 2011.

L'Antisémitisme partout. Aujourd'hui en France (collab. E. Hazan), La Fabrique, Paris, 2011.

Les Années rouges, Prairies ordinaires, Paris, 2012.

Controverse : dialogue avec Jean-Claude Milner sur la philosophie et la politique de notre temps (collab. Ph. Petit), Le Seuil, Paris, 2012.

Entretien platonicien (collab. Maria Kakogianni), Lignes, Paris, 2015.

Quel communisme ? (collab. P. Engelmann), Bayard, Montrouge, 2015.

Notre mal vient de plus loin. Penser les tueries du 13 novembre, Fayard, Paris, 2016.

Qu'est-ce que j'entends par marxisme ?, Éditions sociales, Paris, 2016.

De l'idéologie à l'idée, Mimésis, Paris, 2017.

De la fin, Conversations avec Giovanbatista Tusa, Mimésis, Paris, 2017.

*Mise en pages PCA
44400 Rezé*

Achevé d'imprimer en mai 2018
par La Nouvelle Imprimerie Laballery (Clamecy, France).
26.6411.4/02
N° d'impression : 805044

PAPIER À BASE DE FIBRES CERTIFIÉES

Fayard s'engage pour l'environnement en réduisant l'empreinte carbone de ses livres. Celle de cet exemplaire est de : 0,200 kg éq. CO_2
Rendez-vous sur
www.fayard-durable.fr